C000023165

1 MONTH

FREE
READING

at

www.ForgottenBooks.com

By purchasing this book you are eligible for one month membership to ForgottenBooks.com, giving you unlimited access to our entire collection of over 700,000 titles via our web site and mobile apps.

To claim your free month visit:

www.forgottenbooks.com/free958916

ISBN 978-0-260-60250-3
PIBN 10958916

CORPS LÉGISLATIF.

CONSEIL DES CINQ-CENTS.

RAPPORT

FAIT

AU NOM D'UNE COMMISSION SPÉCIALE,

Composée des repréfentans Thibault, Richaud & Beffroy,

Par L. E. BEFFROY,

Député des Alpes-Maritimes,

Sur la garantie des titres des ouvrages d'or & d'argent.

Séance du 14 Pluviôse.

Représentans du Peuple,

Déja, depuis trop long‑temps, des plaintes multipliées s'élèvent fur tous les points la République contre la fraude, autrefois fi rare, & maintenant trop commune dans le

A

titre des matières d'or & d'argent ouvrées & livrées au commerce.

Cependant la sûreté du titre, autant que la variété de desseins, l'élégance des formes & la perfection de l'exécution dans les ouvrages d'orfévrerie, avoient rendu toutes les nations tributaires de l'industrie française. Les journées laborieuses de nos artistes s'exportoient, pour ainsi dire, & alloient s'échanger contre le métal monnoyé du riche étranger, jaloux d'ajouter au luxe des métaux celui du beau dans la manière de les employer.

Cette industrie vivifioit ainsi, au sein de la société qui la protégeoit, la source des métaux devenus, chez tous les peuples civilisés, nécessaires comme signe d'échange, ou utiles comme ustensiles, à l'usage domestique de ceux à qui la fortune donne les moyens de se les procurer.

Maintenant cette source féconde est presque tarie. La cupidité substituée à cette antique probité si renommée des orfèvres de France, & sur-tout de Paris, & la licence usurpant les droits de la liberté, ont éloigné la confiance sans laquelle le commerce de l'orfévrerie française ne peut plus que balancer celui des nations dont les métaux sont généralement connus pour être d'un titre fort inférieur à celui de nos monnoies.

Les différentes Assemblées nationales, depuis la Constituante inclusivement, ont montré l'intention de remédier au mal & de rétablir la surveillance, par laquelle tous les gouvernemens de l'Europe s'assurent & garantissent à tous la hauteur ou la foiblesse du titre auquel se trouvent les métaux ouvragés, dont ils favorisent la fabrication ou la vente.

Les passages fréquens & subits d'une situation à un autre l'effervescence des esprits, la confusion des mots avec les choses, l'exaltation des idées, l'exagération même des principes, la tourmente révolutionnaire enfin ont constamment retardé le rétablissement si important de l'ordre en cette matière.

Une constitution légale, librement consentie par le Peuple

ſtence du gouvernement qu'elle établit ,
ulière des autorités qu'elle a créées , vous
us occuper maintenant des queſtions in
ſolution deſquelles doit dépendre le mod
plus conforme au régime d'un peuple li
orable à l'activité du commerce intére

lion ſpéciale dont j'ai en ce moment l'
organe , en vous préſentant le réſultat d
de ſon travail , a cru devoir ménager
l'appellera point votre attention ſur des c
peuvent paroître douteuſes qu'aux hon
ais médité ſur les divers intérêts des gra
viliſées. Ainſi , elle a penſé qu'il ſeroit n
de diſcuter , par exemple , ſi l'auſtérit
rmet l'autoriſation légale de la fabricatio
& d'argent , dont l'uſage n'eſt mal-à-pr
elques-uns que comme un objet de luxe.
ommes plus au temps où on youloit pe
on ne peut aimer ſa patrie que ſous les hai

& que la République , comme le chr
e dans l'abnégation de toutes les jouiſſan
è dans le dénuement de tout ce qui
ain.

riche, fi l'induftrie qui rend le premier utile au fecond, ne pouvoit procurer à l'un ce que l'autre peut dépenfer ?

Indépendamment de ces vérités trop communes pour n'être pas généralement fenties, n'eft-il pas bien connu maintenant, que chez le plus grand nombre des pères de famille un peu aifés, l'ufage des matières d'or & d'argent eft plutôt le fruit d'une prudente économie & d'une fage prévoyance que du defir de fe montrer opulent ?

Tous les gouvernement d'Europe n'ont-ils pas éprouvé que l'argenterie eft une reffource précieufe dans des crifes violentes ?

Eh ! ne fait-on pas que, fi l'ufage des métaux n'étoit permis en Europe que fous la forme des monnoies, leur abondance les aviliroit tellement, qu'il faudroit traîner des chariots à fa fuite pour des achats peu importans, & qu'on feroit bientôt contraint d'employer le diamant comme figne d'échange pour faciliter le commerce ?

Les légiflateurs doivent calculer l'effet de la fituation géopgraphique & politique de l'Etat fur fes moyens commerciaux, & les faire concourir au maintien de fon indépendance. Sans doute ils connoiffent les maux que le luxe peut faire ; mais ils apprécient auffi les avantages qu'on peut en recevoir ; & c'eft en ne négligeant aucun des moyens propres à fixer la confidération plutôt fur les vertus & les talens que fur l'opulence, qu'ils garantiffent le peuple des dangers d'un luxe effréné.

Nous n'avons pas dû nous arrêter non plus à l'idée de quelques efprits inquiets qui voient un attentat à la conftitution dans toute furveillance qui aftreint un genre quelconque d'induftrie à des formes particulières ; qui prétendent que cette furveillance, exigeant des frais qui ne peuvent être fupportés que par l'objet qui la néceffite, on porte, en l'établiffant, atteinte à la liberté dont doivent jouir tous les objets de commerce fans reftriction ; que l'intérêt de l'acheteur fuffit pour l'éclairer fur la préférence qu'il doit à tel fabricant,

& que le fabricant lui-même l'oblige à mériter l
du public.

Ce qui se paffe fous nos yeux , les fraudes q
tiplient journellement en ce genre , ont affez p
y a loin de la facilité avec laquelle on diftingüe ,
au tact, la qualité d'une toile , d'une étoffe de
laine ou de coton , d'un meuble de bois tendre
dur , & de tous les objets de commerce , à l
fance néceffaire pour diftinguer que l'or ou l'a
tiennent des parties hétérogènes , de quelle nature
& dans quelle proportion elles fe trouvent alliée
tière précieufe dont on eftime la pureté.

Ici rien n'eft fenfible à l'œil , le toucher ne dif
le fon même n'eft pas un indice certain ; & plu
a perfectionné les moyens de décompofer ces all
auffi elle a perfectionné l'art de les faire de mani
per les fens.

Comme l'or , & l'argent fur-tout , s'emploient
munément en uftenfiles d'un ufage journalier pou
des alimens , la confervation de la fanté exige
bien certain de leur pureté , ou au moins que
inférieurs qui peuvent y être alliés , n'y entrent p
tité fuffifante pour en détruire la falubrité.

Comme le figne le plus commun & le plus i
d'échanger la monnoie va chaque jour fe conv
vrages d'orfévrerie , les citoyens , comme les gou
ont ici le plus grand intérêt à ne pas laiffer é
même prix les métaux les plus précieux contre
quels l'abondance & l'infalubrité donnent une
inférieure.

N'eft-ce pas auffi une comparaifon jufte que c
qui garantit le titre de l'or & de l'argent , avec l

a pas moins fans doute à fixer légalement la vateur intrin-
sèque de la matière qui conferve le même prix pour tous,
qui fait la bafe des monnoies, & qui ne peut être juftement
appréciée que par des procédés favans & étrangers à la multitude.

La conftitution, dit-on, garantit à chacun la même liberté d'ufer de fon induftrie. Oui ; mais en fe conformant
aux lois. La conftitution garantit auffi les propriétés, & par
conféquent défend le vol, de quelque manière qu'il fe com-
mette : il eft donc permis, ou plutôt, c'eft un devoir ri-
goureux pour le légiflateur d'affurer, par un complément
de la légiflation, l'exécution de la conftitution, en mettant
les citoyens à l'abri des vols que leur font journellement les
prétendus orfèvres nouveaux. La morale & la juftice, c'eft-
à-dire l'intérêt public, le commandent également.

Sans doute une furveillance particulière entraîne des frais,
& ils doivent être pris fur la chofe qui en fait l'objet ; mais
la conftitution permet des impôts indirects.

Comme les achats d'or & d'argent ouvrés indiquent au
moins un commencement d'aifance de la part de l'acheteur,
la conftitution ne peut être contrariée par la perception
d'un droit léger fur ce premier fuperflu : c'eft-là fur-tout
que l'impôt fe trouve réparti en raifon proportionnelle des
facultés.

Rien n'eft, affurément plus conforme à l'égalité des
droits, rien par conféquent n'eft plus conftitutionnel.

Votre commiffion a donc dû fixer fon attention fur des
queftions plus importantes, dont la folution paroît au premier afpect plus épineufe, quoique l'expérience donne des
règles fûres pour y arriver.

Première queftion. L'intérêt du commerce de l'orfévrerie
eft il de n'avoir qu'un feul titre ?

Deuxième queftion. A quelle quantité *de fin* doit-on
s'arrêter pour la fixation d'un ou plufieurs titres ?

Troifième queftion. A quelle portion de la valeur réelle
garantie doit-on élever le droit pour couvrir les frais de

ance fans nuire au commerce & en bénéficiant pour
r public ?

trième question. Quelles font les mesures les plus
dantes avec la conftitution, qui garantiront le mieux
té du titre unique ou la différence de chacun, fi on
net plufieurs ?.

uième question. A qui doit être confiée l'exécution
mesures ?

ème question. L'affinage fera-t-il entièrement aban-
à l'induftrie ?

tième question. L'argue peut - elle devenir un éta-
ient libre ?

les font les véritables questions fur lesquelles nous
cru vous devoir des réflexions : s'il en eft d'autres,
le font qu'accefloires. Elles fe trouveront réfolues
t par l'application des principes qui auront déterminé
tion des premières.

ouis 1343, époque à laquelle remontent les lois &
ens connus fur cette matière, il n'y a eu un France
titre légal. Il y en avoit bien un de tolérance pour
uterie ; mais il ne paroît pas qu'il ait jamais été fixé
manière bien déterminée : on ne voit pas qu'il en
autrement dans des fiècles plus reculés ; ce qui prouve
n'eft pas feulement la hauteur du titre ; mais plutôt
titude de connoître exactement la valeur intrinféque
bjets ouvragés, qui détermine principalement les
urs.

effet, on a vu fouvent des particuliers, jaloux de fe
ter des ouvrages d'or ou d'argent, préférer la quan-
uftenfiles ou bijoux à la hauteur de leur titre, aller
r à Genève, en Flandre, dans le Brabant, & même

moyens, & plus le commerce en ce genre recevra d'activité.

C'est en effet ce que nous avons pensé, & ce qui nous a déterminé à donner une grande latitude aux caprices, & par conséquent à l'industrie des orfevres, en vous proposant de reconnoître trois titres pour les ouvrages d'or, & deux pour ceux d'argent. Cette différence entre les deux métaux est la conséquence naturelle de celle qui existe entre leur valeur réelle. Mais en même temps que nous avons cru devoir provoquer l'établissement de plusieurs titres, nous nous sommes attachés à les fixer à des degrés tels, qu'aucun peuple n'en offre de plus haut que celui que nous avons pris pour *maximum*, & que le *minimum* que nous indiquons soit encore assez élevé pour conserver une salubrité & une solidité supérieures à celles qui se trouvent dans le titre d'Allemagne ou de Suisse.

Le résultat de cette combinaison donne, pour le plus haut titre de l'or, neuf cent vingt-deux millièmes, c'est-à-dire (22 karats quatre trente-deuxièmes); pour le second, 0,839 (20 karats quatre trente-deuxièmes); pour le troisième, 0,755 (18 karats quatre trente-deuxièmes); avec une tolérance de 0,005.

Nous observons ici que le plus bas titre légal de l'or se trouvera par cette proportion encore fort au-dessus de celui adopté par la plupart des bijoutiers dans leur commerce, & qui n'est guères au-dessus de 588 millièmes ou 14 karats, titre infiniment trop foible pour qu'on puisse le vérifier exactement par le procédé applicable aux bijoux.

Pour le titre de l'argent, soit en blanc, soit doré, 0,951 (11 deniers 10 grains), & pour le second 0,806 (9 deniers 16 grains).

Nous avons cru que ces proportions mettroient le commerce de l'orfévrerie en France en état de soutenir la concurrence de celui de tous nos voisins.

Nous en ferons d'autant plus certains, & même de faire pencher la balance en notre faveur, que nous mettrons plus de fageſſe à proportionner le droit de garantie du titre aux beſoins de ce ſervice, & à ne pas l'étendre d'une manière tellement fiſcale, que les orfèvres aient beaucoup d'intérêt à frauder le droit & à fabriquer de faux poinçons.

C'eſt dans cette intention que nous avons cherché dans les différentes époques de la légiſlation relative à la marque d'or & d'argent la comparaiſon des droits avec les produits; ce qui nous a amenés à reconnoître d'une manière évidente que les droits ont toujours moins produit lorſqu'ils ont été forcés, & qu'au contraire ils ont beaucoup rendu quand ils ont été modérés. Cette obſervation eſt applicable à tous les impôts indirects.

Nous ne vous ferons point l'hiſtorique de toutes les variations qu'à éprouvées la légiſlation ſur le titre des matières d'or ou d'argent; elles ont été très-multipliées; mais partout on remarque que, depuis 1343, on s'eſt ſingulièrement occupé en France de l'amélioration du commerce de l'orfévrerie. Des édits, des déclarations, des ordonnances, des arrêts de la cour des monnoies, répétés pluſieurs fois dans chaque ſiècle, ont ſucceſſivement établi & maintenu une ſurveillance active & rigoureuſe ſur ceux qui l'exerçoient: c'eſt cette ſurveillance que rappellent aujourd'hui les véritables orfévres, tous ceux qui ſont dignes de ſoutenir le renom de probité acquis à ces artiſtes depuis tant de temps.

Si on vous traçoit le tableau des incertitudes à travers leſquelles on a long-temps marché, vous y verriez des bizarreries inconcevables: vous verriez des fonctions importantes, telles que celles d'affineur & d'eſſayeur, qui ne doivent être confiées qu'au talent probe & expérimenté, données à un titre & érigées en office pour une finance conſidérable en 1705; mais vous reſteriez convaincus que l'expérience a bientôt ramené aux principes, & que depuis 1719 la ſuppreſſion de ces offices a contribué au perfectionnement de l'art.

Vous verriez que plus les lois fiſcales frappoient cette branche d'induſtrie, & moins elle profitoit; qu'après l'avoir donnée en ferme d'abord à la compagnie des Indes, cette compagnie demanda & obtint en 1721 d'en être déchargée, à cause de la modération des droits qu'on fut forcé d'établir par arrêt du conseil le 3 avril 1720. Vous demeureriez convaincus que la mise en ferme de tout ce qui s'appelle droits ou contributions, ne tend qu'à faciliter les extensions, à introduire l'arbitraire, à vexer les citoyens pour enrichir un fermier, & ôte presque toujours au gouvernement les moyens de réduire les droits à la juste proportion hors de laquelle l'industrie ne peut plus les supporter.

C'est donc par l'expérience des temps antérieurs que nous nous sommes déterminés à vous proposer de réduire les droits de garantie du titre à 20 francs par hectogramme (3 onces 1 gros & demi) d'or, & à 1 franc par hectogramme d'argent.

C'est un tiers de moins qu'en 1789, & c'est assez pour produire le bénéfice que vous avez fixé, par la loi du 16 brumaire, à 500,000 livres. Nous avons cru utile à la prospérité de ce commerce en France de porter le droit moins haut, que chez les Anglais si jaloux de toute concurrence, & chez lesquels un bill de 1784 a porté ces droits à 10 liv. 2 s. 1 d. 5 dix-neuvièmes de France par once d'or, poids de trois, c'est-à-dire pour une once un gros & six grains poids de marc, & à 12 s. 7 d. 3 dix-neuvièmes pour la même quantité d'argent.

Mais comme la fraude seroit infiniment facile si les ouvrages d'or & d'argent dits *de hasard* ne payoient aucun droit, & qu'il seroit nuisible aux citoyens d'ordonner la destruction des ustensiles ou bijoux qui peuvent encore faire un bon service, nous croyons devoir vous proposer d'assujettir au demi-droit les ouvrages de hasard revendus par le commerce, & d'en dispenser ceux qui seront vendus à la monnoie.

Quant au mode de surveillance, la constitution ne permettant ni corporation ni jurande ou maîtrise, les orfévres ne peuvent plus exercer eux mêmes comme par le

paffé; ils doivent au contraire être foumis à celle du gouvernement.

Nous vous propoferons donc de la laiffer à l'adminiftration des monnoies, à laquelle d'ailleurs elle doit natu-
rellement appartenir par les différens rapports qui la lient
étroitement à l'objet de cette adminiftration.

Cette furveillance exige un certain nombre d'employés
inftruits, dont quelques-uns, les effayeurs, ont befoin d'une
multitude de connoiffances profondes qu'on n'acquiert que
par une longue étude théorique & pratique de la chimie.
Nous avons penfé que ces places ne devoient être données
qu'après une forte de concours, réfultant de l'examen or-
donné par la loi du 22 vendémiaire fur l'organifation des
monnoies, à très-peu d'exceptions près, qui fe tirent de
la nature des fonctions antérieures des candidats.

Quant aux fonctions de receveurs, elles feront, pour la
garantie, affujetties aux lois qui concernent les receveurs de
la République. L'adminiftration pourvoira, felon fa fageffe,
aux emplois de contrôleurs.

En général, on peut dire que toute refponfabilité eft illu-
foire pour une adminiftration, lorfqu'elle n'a pas *le choix
libre* de fes employés : ce n'a jamais pu être que par une
éverfion des principes, que le miniftre des finances a eu mo-
mentanément le choix des employés de cette partie de l'adminiftration des monnoies.

Cependant nous avons penfé que la place de directeur
des bureaux de garantie, devant avoir, dans notre fyftême,
un caractère propre à lui donner la confiance dont elle n'a pas
affez joui jufqu'alors, il étoit néceffaire de donner à la nomi-
nation de cet emploi des formes propres à l'inveftir, en appa-
rence, d'une dignité fupérieure à celle des autres employés.

Nous avons cru pouvoir arriver à ce but & concilier ce
qui eft dû aux principes avec ce que réclame l'utilité pu-
blique, en vous propofant de faire nommer les directeurs
par le miniftre des finances, fur une lifte triple de canditats
préfentée par l'adminiftration des monnoies.

A 5

Comme il eft impoffible de déterminer d'une manière fixe le nombre des bureaux à établir, & que d'ailleurs ils ne comportent pas un grand nombre d'employés, vous penferez fans doute avec nous, que l'organifation doit en être entièrement laiffée au Directoire exécutif, fur l'avis de l'adminiftration des monnoies.

L'affinage qui eft l'art de départir l'or de l'argent pour en extraire les parties hétérogènes, & ramener ces métaux au titre qu'ils doivent avoir, n'étoit pas libre en France, parce qu'on le regardoit comme un art dont le libre exercice pouvoit être funefte à la fociété : nous ne le voyons pas de même.

Il n'exiftoit que trois ateliers d'affinage, l'un à Paris, l'autre à Lyon, & un autre à Trévoux : ils appartenoient à la nation, qui les a prefque toujours donnés à bail. Pour laiffer plus de latitude à l'induftrie, nous vous propoferons de laiffer cet art entièrement libre : mais comme il pourroit arriver que le commerce manquât long-temps d'établiffement, la commiffion a penfé que vous fentiriez la néceffité d'en laiffer encore un à Paris & l'autre à Lyon au compte de la République, & que vous deviez autorifer le Directoire à le donner à bail fimple.

L'argue à laquelle les tireurs d'or viennent faire dégroffir leurs lingots dorés, eft un établiffement d'un autre genre. Comme il feroit difficile de reconnoître le titre de l'argent, & fur-tout de l'argent doré employé dans le commerce après avoir été réduit à un diamètre infiniment petit par fon paffage dans les filières, vous ne pouvez pas en permettre le libre établiffement ; on feroit conftamment expofé à être trompé : il faut que cet établiffement foit fous la furveillance active & continue de l'adminiftration des monnoies, & que les formes établies par l'intérêt public qui dicte la loi, relativement au dégroffiment des lingots, foient rigoureufement obfervées, puifqu'on pourroit dégroffir & laminer des lingots non titrés, & ne mettre dans les objets en fil d'argent blanc ou doré que la quantité de métal néceffaire pour lui donner de la valeur à l'œil.

L'objet important pour la confervation du titre déterminé,

par la loi, c'eſt la diſtinction des poinçons. Leur caractère, la manière de les établir, de les conſerver & d'en empêcher l'abus ou la fabrication, méritent toute votre attention. Ce ſont eux qui garantiſſent à la ſociété que le gouvernement a vérifié le titre des ouvrages qui en ſont marqués. La contrefaction des poinçons, facilitant la falſification du titre, par conſéquent l'introduction dans le commerce d'un métal faux à la place de l'or & de l'argent, & par ſuite ſon échange comme égale valeur contre des écus, tient de ſi près à la fauſſe monnoie, que la loi puniſſoit de mort le fabricateur de faux poinçons. Elle infligeoit auſſi des peines graves & infamantes à celui qui, abuſant de ſes fonctions, appliquoit les véritables poinçonss ſur un faux titre. Cette légiſlation eſt à-peu-près la même dans tous les gouvernemens.

Nous avons penſé que la peine de mort n'étoit point indiſpenſable; qu'elle ne devoit jamais être appliquée que pour l'homicide; & comme nous avons cru entrevoir des moyens de donner de la réalité à la peine des fers, en conſacrant au nettoiement des places publiques, à l'entretien des canaux & des routes & à l'exploitation des mines tous ceux à qui leurs méfaits la mériteront, nous nous ſommes bornés à ce genre de peine pour un temps plus ou moins long, ſuivant la nature du délit.

Nous ne nous arrêterons pas plus long-temps ſur des détails qui s'expliquent aſſez par les articles mêmes de notre projet. Vous y trouverez, nous oſons le croire, tous ceux qui doivent régler les devoirs des fabricans d'or ou d'argent, des marchands ſédentaires ou ambulans. Vous y trouverez même les moyens de favoriſer, ſans en craindre aucun inconvénient, la fabrication du *double*; genre d'induſtrie d'autant plus précieux, que la manière de l'appliquer à l'or n'exiſte qu'en France (quoique l'Angleterre ait eu la priorité pour l'appliquer à l'argent); & qu'en économiſant les métaux précieux, il aſſainit, pour l'uſage, d'autres métaux auſſi ſolides & plus communs; mais qu'on ne pourroit, ſans riſque, employer ſeuls au ſervice des alimens.

A 7

Nous nous fommes fur-tout attachés à concilier avec la Conftitution toutes les mefures de sûreté que le commerce de l'or & de l'argent exigent.

Votre commiffion efpère qu'elle aura atteint le but de fon inftitution, par les précautions qu'elle a prifes pour répondre à votre confiance. Trois fois fon travail a été longuement difcuté, à des époques différentes, fous la Convention nationale, &, depuis votre inftallation, avec les anciens orfèvres & joailliers, les maîtres bien famés & depuis long-temps retirés du commerce, les agences, les adminiftrations & directeurs des monnoies, les anciens fermiers de l'affinage & plufieurs de nos collègues du Confeil des Anciens. Il a même été examiné avec le confeil de commerce du miniftre de l'intérieur. C'eft parce que nous avons cherché à recueillir toutes les lumières de l'étude & de l'expérience, que nous confervons l'efpoir d'obtenir votre affentiment au projet de réfolution dont je vais vous donner lecture.

PROJET DE RÉSOLUTION.

Le Confeil des Cinq-Cents, après avoir entendu les trois lectures prefcrites par l'article 77 de la conftitution : la première, le 14 pluviôfe ; la feconde, le..... & la troifième, le.....

Déclare qu'il n'y a pas lieu à l'ajournement, & prend la réfolution fuivante :

TITRE PREMIER.

SECTION PREMIÈRE.

Des titres des ouvrages d'or & d'argent.

ARTICLE PREMIER.

Il y a trois titres pour les ouvrages d'or : le premier, de neuf cent vingt-deux millièmes (22 karats 4 trente-

nd , de huit cents trente-neufmillièmes
uxième) ; le troisième , de sept cent
imes (18 karats 4 trente-deuxièmes) ;
lérance de cinq millièmes (4 trente-

I I.

pour les ouvrages d'argent , soit qu'ils
c ; soit qu'ils doivent être dorés : le
ent cinquante - un millièmes (11 de-
second , de huit cent six millièmes
) , tous deux avec une tolérance de
s).

C T N I I.
Des Poinçons.

C L E P R E M I E R.

ier les ouvrages d'or & d'argent trois
voir ; celui du fabricant , celui du titre ;
garantie dont il sera parlé dans le titre

x petits poinçons , l'un pour les menus
itre pour les menus ouvrages d'argent.

I I.

ricant porte la lettre initiale de son
le. Il peut être gravé par tel artiste
isir , en observant les formes & pro-
lies par l'administration des monnoies.

I I I.

té a pour empreinte l'un des chiffres
les premier , second ou troisième titre

I V.

Le poinçon du bureau porte un signe caractéristique, qui est déterminé le Directoire exécutif.

V.

Le petit poinçon deftiné à marquer les mêmes ouvrages d'or a pour empreinte une tête de coq ; & celui dont on se fert pour les menus ouvrages d'argent, porte un faiſceau.

I V.

Tous les poinçons défignés dans les trois articles précédens font fabriqués par le graveur des monnoies, fous la furveillance de l'adminiſtration, qui les fait parvenir dans les divers bureaux de garantie, & en conſerve les matrices.

V I I.

Lorſqu'on ne fait point uſage des poinçons, ils font enfermés dans une caiſſe à deux ferrures, dont une clef eſt remiſe au receveur du bureau de garantie, & l'autre reſte entre les mains du contrôleur.

X V I I.

Les fabricans de faux poinçons & ceux qui en font uſage, font condamnés à dix années de fers ; & leurs ouvrages font confiſqués.

X V I I I.

Les poinçons fervant actuellement à conſtater l'acquit des droits de marque feront biffés immédiatement après l'inſculpation de ceux qui font ordonnés par le titre précédent.

TITRE II.

Des droits & des frais de garantie fur les ouvrages d'or & d'argent.

ARTICLE PREMIER.

Il eft perçu un droit de garantie fur les ouvrages d'or & d'argent, bijoux, vaiffelles, feuilles battues ou traits.

II.

Il eft pareillement perçu demi-droit fur les ouvrages d'or & d'argent dits *de hafard*, remis dans le commerce.

Ceux vendus à la République dans les hôtels des monnoies n'y font point affujetis.

III.

Les ouvrages d'or & d'argent venant de l'étranger font préfentés aux employés des douanes fur les frontières de la République pour y être déclarés, pefés, plombés & envoyés au bureau de garantie le plus voifin, où ils font marqués des lettres E. T, & payent des droits égaux à ceux qui font perçus aux bureaux de garantie fur les ouvrages d'or & d'argent fabriqués dans la République.

IV.

Les droits de garantie font reftitués, fauf la retenue d'un tiers, aux frontières de la République, pour les ouvrages d'or & d'argent fabriqués en France qui ont acquitté ces droits & qui fortent pour être vendus ou qui font déjà vendus à l'étranger.

V.

Les ouvrages dépofés au Mont-de-Piété & dans les autres établiffemens deftinés à des ventes, ou à des dépôts de ventes font affujettis aux droits de garantie, lorfqu'ils n'y ont pas été foumis avant le dépôt.

Rapport par L. E. Beffroy.   A 9

V I.

Les frais de garantie font de vingt francs par hectogramme (trois onces un gros & demi) d'or, & à un franc par hectogramme (trois onces un gros & demi) d'argent, non compris les frais d'essai ou de touchaud.

T I T R E I I I.

A R T I C L E P R E M I E R.

Les maisons communes d'orfévres font supprimées.

I I.

A dater du jour de la publication du préfent décret, les employés de ces bureaux continuent d'exercer leurs fonctions jufqu'au complément de l'organifation prefcrite par la préfente loi.

I I I.

Il fera fait inventaire des regiftres & papiers à l'ufage des bureaux ; ainfi que des uftenfiles & effets appartenáns à la nation, pour les papiers & les regiftres être envoyés à l'adminiftration des monnoies, & les uftenfiles & effets être mis fous la furveillance de l'adminiftration du département, jufqu'à ce qu'il puiffe en être fait un emploi avantageux à la République.

I V.

Les quatre invalides orfévres qui habitent actuellement la maifon commune des orfévres à Paris, font placés aux incurables, & le miniftre de l'intérieur eft chargé d'effectuer ce tranfport.

T I T R E I V.

Des bureaux de garantie.

A R T I C L E P R E M I E R.

Les bureaux de garantie font établis pour faire l'effai &

fixer les titres des lingots & ouvrages d'or & d'argent. Le Directoire exécutif peut, sur la demande motivée, des administrations de département & sur l'avis de celle des monnoes, en placer dans les communes où les besoins de la fabrication les rendent nécessaires.

II.

Les bureaux de garantie sont composés de trois employés, d'un receveur, d'un essayeur & d'un contrôleur-estampeur: mais à Paris & dans les autres communes populeuses, le nombre des employés est réglé par l'administration des monnoies, suivant les besoins du commerce.

III.

Les employés des bureaux de garantie, à l'exception des directeurs, sont nommés par l'administration des monnoies.

Les directeurs sont nommés par le ministre des finances, sur une liste triple présentée par cette administration.

IV.

Le receveur, l'essayeur & le contrôleur se pourvoient à leurs frais de tout ce dont ils ont besoin pour l'exercice de leurs fonctions, à la réserve de la machine à estamper, qui est fournie au bureau par l'administration.

V.

Les employés aux bureaux de garantie qui calquent les poinçons, ou qui en font usage sans observer les formalités prescrites par cette loi, sont destitués, & condamnés à un an de détention.

VI.

Aucun employé aux bureaux de garantie ne laisse prendre de calque, ni ne donne de description, soit verbale, soit par écrit, des ouvrages qui font apportés au bureau, à peine de deſtitution.

TITRE V.

Des fonctions des prépoſés aux bureaux de garantie.

SECTION PREMIÈRE.

Des fonctions de l'eſſayeur.

ARTICLE PREMIER.

L'eſſayeur ne reçoit les ouvrages d'or & d'argent qui lui font préſentés pour être eſſayés & titrés, que lorſqu'ils ont l'empreinte du poinçon du fabricant, & qu'ils font aſſez avancés pour qu'en les finiſſant ils n'éprouvent aucune altération.

II.

Les ouvrages provenant de différentes fontes, étant & devant être envoyés au bureau de garantie dans des facs féparés, l'eſſayeur en fait l'eſſai féparément.

III.

Il n'emploie dans fes opérations que les agens & ſubſtances provenant du dépôt établi dans l'hôtel des monnoies de Paris ; mais les frais de tranſport de ces ſubſtances & agens font compris dans les frais d'adminiſtration.

IV.

La matière de l'eſſai eſt un mélange de chacune des pièces provenant de la même fonte, & elle eſt grattée ou coupée tant fur les corps d'ouvrages que fur les acceſſoires, de manière que les formes & les ornemens ne foient pas détériorés.

V.

Lorſque les pièces ont une languette forgée ou fondue

V I.

Lorfque les gros ouvrages d'or & d'argent font à l'un
titres prefcrits par les articles premier & 2 du titre 1er,
fayeur les infcrit fur un regiftre qui eft coté & paraphé
'aris par l'adminiftration des monnoies, & dans les autres
nmuhes par l'adminiftration municipale. Enfuite il les
nne au receveur, avec un extrait de fon regiftre, qui indique
titre trouvé, pour être marqué du poinçon correfpondant.
Il en eft ufé de même pour les mêmes ouvrages d'or,
fqu'il a été reconnu par l'effai qu'ils ne font pas au-deffous
plus bas des titres fixés par cette loi, & ils reçoivent
npreinte du poinçon particulier pour ces fortes d'ouvrages.

V I I.

Lorfque le titre de quelqu'un de ces ouvrages eft inférieur
plus bas des titres prefcrits, fur la demande & aux frais
propr;étaire il eft vérifié par un fécond effai ; & fi cet
ai confirme le premier, l'ouvrage eft remis au propriétaire,
rès avoir été rompu, en fa préfence.

V I I I.

Si les gros ouvrages d'or & d'argenr, fans être au-deffous
plus bas des titres fixés, ne font pas précifément à l'un
ux, ils font marqués au titre inférienr à celui qui a été
uvé, ou ils foient rompus, au choix du propriétaire.

I X.

eſt définitivement celui-auquel eſt marqué l'ouvrage qui a été laiſſée dans le bureau, ſous les cachets de l'eſſayeur & du fabricant, ſi l'ouvrage n'eſt pas dans le cas d'être rompu.

X.

Lorſque par le réſultat de l'opération, l'eſſayeur du bureau de garantie eſt trouvé en défaut, il ſupporte les frais de tranſport & d'eſſai. Dans toute autre circonſtance, ces frais ſont à la charge du propriétaire.

X I.

Si aucun ouvrage d'or, d'argent ou de vermeil, quoique marqué du poinçon indicatif de ſon titre, eſt ſoupçonné de n'être pas au titre indiqué, le propriétaire peut l'envoyer à l'adminiſtration des monnoies, qui le fait eſſayer avec les formalités employées pour l'eſſai des monnoies; & ſi cet eſſai donne un titre plus bas, l'eſſayeur eſt condamné, pour la première fois, à 200 francs d'amende, à 600 francs pour la ſeconde fois, & la troiſième fois il eſt deſtitué.

X I I.

Le prix d'un eſſai d'or, de doré & d'or tenant argent, eſt fixé à trois francs; & celui d'argent à quatre-vingt centimes (ſeize ſous).

X I I I.

Dans tous les cas, les cornets & boutons d'eſſais ſont remis au fabricant.

X I V.

L'eſſai des mêmes ouvrages d'or par la pierre de touche, au moyen de l'acide nitrique (eau-forte), eſt payé neuf centimes par détagramme (deux gros & demi d'or).

X V

Si l'eſſayeur ſoupçonne aucun des ouvrages d'or, de vermeil

X V I.

Les essayeurs des bureaux de garantie sont munis du certificat de capacité prescrit par l'article LIX de la loi du 22 vendémiaire sur l'organisation des monnoies.

X V I I.

Les essayeurs du commerce & des ci-devant monnoies sont dispensés de cette formalité.

X V I I I.

L'essayeur peut prendre, sous sa responsabilité, autant d'aides que les circonstances l'exigent.

S E C T I O N I I.

Des fonctions du Receveur.

A R T I C L E P R E M I E R.

Le receveur pese les ouvrages qui ont été essayés, & auxquels est joint l'extrait des registres de l'essayeur, & il fait mention sur un registre, côté & paraphé comme celui de l'essayeur, de la nature de ces ouvrages, de leur poids, de leur titre & de la somme qui lui a été payée à raison du poids.

I I.

Il écrit sur l'extrait du registre de l'essayeur 1°. le poids des ouvrages ; 2°. l'acquittement des frais ; & il remet le tout au contrôleur.

I I I.

Il dénonce toutes les faisies au tribunal de police correctionnelle, & les procédures qui en résultent sont faites en son nom.

SECTION III.

Des fonctions du Contrôleur.

ARTICLE PREMIER.

Le contrôleur du bureau de garantie tient un regiftre coté & paraphé comme celui des autres employés ; & où il transcrit l'extrait du regiftre qu'il a reçu. Enfuite il tire de la caiffe à deux ferrures le poinçon du bureau & le poinçon indicatif du titre des ouvrages, foit d'or, foit d'argent, ou le poinçon dont les menus ouvrages doivent être revêtus, & il les appliquen préfence des propriétaires.

I I.

Il vife & certifie tous les états de recette du bureau.

TITRE VI.

SECTION PREMIÈRE.

Des devoirs des marchands & fabricans d'or & d'argent.

ARTICLE PREMIER.

Tout citoyen faifant ou voulant faire l'emploi des matières d'or & d'argent eft tenu de fe faire connoître à l'adminiftration du département & à la municipalité centrale du lieu de fa réfidence, & de faire infculper dans ces deux adminiftrations un poinçon particulier avec fon nom fur une planche de cuivre à ce deftinée ; l'adminiftration de département veille à ce que le même symbole ne soit pas employé par deux orfèvres de son arrondissement.

I I.

Quiconque se borne au commerce d'orfévrerie, sans entreprendre la fabrication, n'est tenu que de faire sa déclaration à la municipalité centrale du lieu où il réside, & il est dispensé d'avoir un poinçon.

I I I,

Les fabricans & marchands d'or ou d'argent ouvré ou non ouvré ont un registre coté & paraphé par l'administration municipale, sur lequel ils transcrivent la nature, le nombre, le poids & le titre des matières & ouvrages d'or & d'argent qu'ils achètent & vendent, avec les noms & demeures de ceux de qui ils les ont achetés.

I V.

Ils ne peuvent acheter que de personnes connues, ou ayant des répondans à eux connus.

V.

Ils sont tenus de présenter leurs registres aux autorités chargées de la surveillance de cette partie, toutes les fois qu'ils en sont requis.

V I.

3°. Les lettres initiales du nom du fabricant.

V I I.

Ils mettent dans le lieu le plus apparent de leur magasin ou boutique un tableau qui contient les articles de la loi relative aux titres des ouvrages & aux bordereaux.

V I I I.

Ils portent leurs ouvrages au bureau de garantie pour y être essayés & titrés, ou simplement revêtus d'une empreinte de poinçons, conformément à la seconde section du titre VI.

I X.

Les contrevenans aux dispositions des précédens articles sont condamnés, pour la première fois, à une amende de deux cents francs, & du double des objets vendus illégalement; pour la seconde fois, l'amende est de cinq cents francs, & la condamnation affichée à leurs frais dans toute l'étendue du département; la troisième fois, tous les objets de leur commerce sont confisqués, & le commerce de l'orfévrerie leur est interdit.

X.

Les fabricans & marchands d'ouvrages d'or, d'argent & de vermeil, marqués des anciens poinçons sont tenus de les porter, dans le délai de six mois, à compter de la publication de la présente loi, au bureau de garantie, pour y faire mettre l'empreinte du poinçon du bureau, sans aucune vérification préalable & sans frais; passé lequel temps les ouvrages sont essayés & titrés, s'il y a lieu.

X I.

Les ouvrages non revêtus du poinçon dit *de décharge* sont pareillement présentés au bureau de garantie, à l'effet d'être marqués du poinçon du titre & de celui du bureau, & ils payent les frais de garantie.

XII.

Ces frais font pareillement exigibles pour les ouvrages dit *de hafard*, qui, après l'expiration du délai fixé par l'article X, ne fe trouvent marqués que des anciens poinçons.

XIII.

La loi garantit les engagemens refpectifs des orfèvres & de leurs élèves.

XIV.

Les joailliers ne font pas tenus de porter aux bureaux de garantie les ouvrages montés en pierres fines ou fauffes & en perles fines, ni ceux qui font émaillés dans toutes les parties ou auxquels font adaptés des criftaux; mais ils ont un regiftre coté & paraphé comme celui des marchands & fabricans d'ouvrages d'or & d'argent, à l'effet d'y infcrire jour par jour les ventes & achats qu'ils ont faits.

XV.

Ils donnent aux acheteurs un bordereau qui contient la nature & la forme de chaque ouvrage, ainfi que la qualité des pierres dont il eft compofé, & nul ne peut mêler dans les mêmes ouvrages des pierres fauffes avec les fines, à peine d'être condamné à reftituer la valeur qu'auroient eue les pierres fi elles avoient été fines, & à payer une amende de trois cents francs; l'amende eft triple la feconde fois, avec affiche dans tous le département, aux frais du délinquant; à la troifième fois, le délinquant eft déclaré incapable d'exercer la joaillerie, & les effets compofant fon magafin font confifqués.

SECTION II.

Des marchands de matières d'or & d'argent ambulans.

ARTICLE PREMIER.

Les marchands de matières d'or & d'argent ambulans

font tenus de fe préfenter à l'adminiftration municipale du
canton ou à l'agent de cette adminiftration, dans les lieux
où elle ne réfide pas ; & de lui montrer les bordereaux des
orfèvres qui leur ont vendu les matières d'or & d'argent
dont ils font porteurs.

I I,

A l'ouverture des foires, l'adminiftration municipale du
lieu, où l'agent de cette municipalité, dans les lieux où il
n'y a pas d'adminiftration municipale, fe font repréfenter,
par tous les marchands de matières d'or & d'argent les
bulletins des orfèvres qui les leur ont vendues, & ils en
font examiner les marques par des orfèvres, ou, à défaut
d'orfèvres, par toute autre perfonne connoiffant les marques
& poinçons, pour en conftater la vérité.

I I I,

L'adminiftration municipale ou fon agent, dans les lieux
où elle ne réfide pas, fait faifir & remettre au tribunal de
police correctionnelle du lieu ou du canton les matières
d'or & d'argent qui ne font pas accompagnées de bordereaux, ou celles dont les marques paroiffent contrefaites.

TITRE VII.

De la fabrication du plaqué & du doublé d'or & d'argent fur tous animaux.

ARTICLE PREMIER.

Quiconque veut plaquer & doubler l'or & l'argent fur
le cuivre ou fur tout autre métal, eft tenu d'en faire la
déclaration, & à la municipalité centrale du lieu où il
réfide, & à l'adminiftration de département & à celle des
monnoies.

I I.

Il emploie l'or & l'argent dans telle proportion qu'il juge
convenable.

I I I.

Il met fur chacun de fes ouvrages l'empreinte d'un poinçon particulier, qui lui eft donné par l'adminiftration des monnoies, & des chiffres indicatifs de la quantité d'or ou d'argent qu'il contient.

I V.

Lorfque les ouvrages font doublés ou plaqués fur toutes leurs furfaces, ils portent de plus écrit en toutes lettres le mot *doublé.*

V.

Le fabricant de doublé tranfcrit jour par jour les ventes qu'il a faites fur un regiftre coté & paraphé à Paris par l'adminiftration des monnoies, & dans les autres communes par la municipalité centrale; & il délivre aux acheteurs un bordereau contenant la défignation de l'ouvrage, l'indication de fon poids, & la mention de la quantité d'or ou d'argent qui y eft contenue.

V I.

Il eft auffi affujetti, quant aux achats relativement aux vendeurs, à la formalité prefcrite aux marchands & fabricans d'or & d'argent.

V I I.

En cas de contravention aux articles 3 & 4, les ouvrages fur lefquels la contravention porte, font confifqués, & le délinquant eft condamné pour la première fois à l'amende de dix fois leur valeur; la deuxième fois, l'amende eft double de la première, & la condamnation affichée aux frais du délinquant dans toute l'étendue du département; la troifième fois, tous les objets de fon commerce font confifqués, & le commerce & la fabrication d'or & d'argent lui font interdits.

I I.

Les poinçons ou ouvrages saisis sont mis sous les cachets de l'officier municipal, du receveur ou du contrôleur, & de celui chez qui ils ont été saisis, pour être remis de suite au tribunal de police correctionnelle.

I I I.

Ces recherches ne peuvent être faites qu'en se conformant à l'article 369 de la constitution.

I V.

Tout ouvrage d'or & d'argent achevé & non marqué, trouvé chez un fabriquant ou un marchand, est confisqué, vendu, & le prix remis avec toutes les amendes au receveur de l'enregistrement.

V.

Sont saisis tous les ouvrages d'or & d'argent sur lesquels les marques des poinçons de l'administration, ou de l'essayeur, ou de tout fabricant autre que celui qui a appliqué les marques, se trouvent entées, soudées ou contre-tirées en quelque manière que ce soit, & le possesseur avec connoissance est condamné à dix années de fers.

V I.

Les ouvrages marqués de faux poinçons sont confisqués dans tous les cas, & ceux qui les gardent ou exposent en vente, avec connoissance, sont condamnés la première fois à une amende de deux cents francs; la seconde à quatre cents francs, avec affiche dans tout le département aux frais du délinquant; & la troisième à mille francs, avec interdiction de tout commerce de matières d'or & d'argent.

V I I.

Tout citoyen, autre que les préposés à l'application des poinçons nationaux, qui en emploie même de véritables, est condamné à un an de détention.

TITRE IX.

SECTION PREMIÈRE.

Des affinages.

ARTICLE PREMIER.

L'art d'affiner & de départir l'or & l'argent est libre dans toute l'étendue de la République.

I I.

Quiconque veut départir & affiner l'or & l'argent pour le commerce, est tenu d'en faire la déclaration tant à la municipalité centrale du lieu qu'à l'administration des mon-

Il ne peut recevoir que .des matieres qui ont été ...
, titrées par un essayeur public.

I V.

Il est délivré au porteur de ces matières, une recon[n]
sance qui en désigue la nature, le poids & le titre ind
par l'essayeur avec le numéro de l'essai.

V.

Les affineurs tiennent un registre côté & paraphé
Paris, par l'administration des monnoies; & dans les
.tres communes, par un des membres de l'administrario
département, & sur lequel sont inscrits, jour par jou
par ordre de numéros, la nature, le poids & le titre
matières qui leur sont apportées, & leur remise en milli[è]
de fin.

V I.

S E C T I O N I I.

De l'établissement d'un affinage national.

A R T I C L P R E M I E R.

Il y a dans l'enceinte des hôtels de monnoie de Pa[r]
de Lyon, un atelier d'affinage, où tout citoyen peut
départir l'or & affiner l'argent.

I I.

Ces ateliers peuvent être donnés à bail par le Dire[c]
exécutif.

Toutes les matières apportées à l'affinage national font inscrites sur un regiftre qui eft coté & paraphé par l'administration des monnoies.

I V.

Les lingots affinés portent le nom de l'affineur ; ils font effayés par le vérificateur des effais, dans la forme prescrite par l'article LI dé la loi du 22 vendémiaire fur l'organisation des monnoies, & marqués d'un poinçon dont l'empreinte eft déterminée par l'adminiftration des monnoies.

V.

Immédiatement après les effais, la reconnoiffance d'entrée des matières à l'affinage eft changée contre un bordereau qui contient les millièmes de fin à remettre au propriétaire.

V I.

Les formalités prefcrites par les articles III & IV de la fection précédente feront obfervées par l'affineur national.

T I T R E X.

De l'Argue.

ARTICLE PREMIER.

Il y a dans l'enceinte de l'hôtel des monnoies de Paris une argue deftinée à tirer, dégroffir & titrer les lingots d'argent & de doré ; le Directoire exécutif en peut établir d'autres lorfque les befoins de la fabrication l'exigent.

I I.

Les tireurs d'or & d'argent font tenus de porter leurs

lingots aux argues nationales pour y êtres tirés , dégr
& marqués.

III.

La façon des dégrossimens des lingots de doré est
cinquante centimes par hectogramme (trois onces un
& demi) pour les citoyens qui ont des filières, &
soixante-quinze centimes pour les citoyens qui n'en ont

La façon du dégrossiment des lingots d'argent est
douze centimes par hectogramme (trois onces un gro
demi) pour les citoyens qui ont des filières, & de vingt-c
centimes pour les citoyens qui n'en ont pas.

A PARIS , DE L'IMPRIMERIE NATIONALE
Pluviôse , an V.

Lightning Source UK Ltd.
Milton Keynes UK
UKHW050019310119
336364UK00009BA/1775/P